買

早く食べ
たいわ〜♡

1. キンモクセイ酒→ 18 ページ
2. タンポポ酒の昭和風かためカスタードプディング→ 20 ページ
3. 桜の花の塩漬け、4. 桜の葉の塩漬け、5. 桜餅→ 22 ページ

6

6. ヨモギ餅→ 26 ページ
7. ドクダミの根の豚肉キンピラ風いため
　→ 30 ページ
8. 柿の葉茶→ 32 ページ
9. サーモンのイチジクの葉包み、10. 鶏胸肉
　のイチジクの葉蒸し→ 34 ページ

8

7

野菜の命に
捨てるところ
ナシじゃ

9

10

捨てない

11. 玉ねぎの皮とちりめんじゃこの甘辛ふりかけ、12. 玉ねぎ皮エキスのオニオングラタンスープ
→ 40 ページ
13. 手作り梅酢の紅生姜 ，48 ページ
14. 陳皮→ 52 ページ

再生栽培で
とれたてを、まるごと

春から始める

15

16

17

18

19

夏から始める

秋から始める

25. 摘みたてフレッシュカモミールティー→ 100 ページ
26. 玉ねぎの花芽の天ぷら→ 103 ページ
27. ニンニクのオリーブオイル漬け、28. ナスとニンニクのペースト→ 106 ページ

ヘルシー
おやつだわぁ〜 ♪

29

29. コマツナのケーキ→ 111 ページ

冬 か ら 始 め る

30

30. キャベツのポタージュスープ→ 116 ページ

種とり

31

32

31. 柿とコマツナベビーリーフのサラダ→ 128 ページ
32. サヤ大根のサラダ→ 131 ページ

ズボラさんの
買わない、捨てない
ちょこっと

ガーデニング
&レシピ

大橋明子
Akiko Ohashi

集英社インターナショナル

は じ め に

この本を手にとってくださったあなたはズボラさんでしょうか？　それともガーデニングをこれから始めたいという初心者さんでしょうか。

家の中に緑のある暮らしや、とれたての新鮮な野菜を使った食卓は、日々の生活を少し豊かにしてくれます。でも、そのために手間がかかったり、専用の道具を揃える必要があると、なかなか始めにくいし、続けにくいもの。

この本には、手間もお金もかけないで、今すぐ始められて楽しめる、体にもお財布にも優しい小さなアイディアを集めました。

体にもお財布にも優しい生活は、少し大げさに聞こえるかもしれませんが、同時に地球にも優しい生活です。

そして、何より、今あるもの、捨てていたものをどう活用するかを考えることは、とても楽しくて、ワクワクすることです。

例えば、古くなったカモミールのティーバッグを実験気分で蒔いてみたところ、見事に発芽。大株に生長して感激しました。摘みたてのフレッシュなカモミールティーは鮮やかなレモン色をしています。ぜひお試しあれ。

もちろん失敗することもたくさん。私にとっては失敗も発見の喜びなのですが、この本には私が楽しく試行錯誤しながら見つけたコツ＆ポイントを写真やイラストを使って、できるだけ分かりやすくまとめました。

捨てるはずの野菜の切れ端などから収穫する「再生栽培」に私が夢中になっているのは、節約のためだけではありません。再生栽培をしていると、キッチンの野菜は生き物であり、とてつもない生命力を発揮することがわかりますし、生ゴミが微生物の力で土へと変化する様子は魔法を見るよう。小さなキッチンの中で、そうした偉大な自然の仕組みを目の当たりにすると、全ては連鎖していることを実感できます。

　また、例えば胃腸に不調があると、一見関係なさそうにみえる口の中に口内炎ができたりします。腸内環境が乱れると肌トラブルが起こったり。体の中も相互に関係しあっており、「体と心」もリンクしています。本書ではそうした体のバランスの調整に効果の期待できるレシピも薬膳の考えと合わせてご紹介しています。

　いろんなことが別々に認識されがちな現代生活で、改めてつながりを意識することは、軸の定まった、より幸せな毎日へのサポートになります。目の前のものを大切に扱うことは、自分自身を大切にすることにも通じます。ささやかながらもこの本が、そんな「小さいアイディア」を増やしていくきっかけになれば嬉しいです。

　　　　　　　　　　　　　　　　　　　おお はし あき こ
　　　　　　　　　　　　　　　　　　　大 橋 明 子

Contents

キャラクター紹介

主人公（オオハシアキコ）
家庭菜園が趣味のイラストレーター。
100 円ショップが大好き。

茶トラ
おっとりながらもズボラな主人公
を支えるアシスタント猫。自然環
境にも常に気を配っている。

ベジ りぐ郎
もったいないをキーワード
に、再生栽培を指南する、野
菜愛の伝道師。

薬 ぜん子
りぐ郎のアシスタントで、野菜を
愛する薬膳師。最近は干し野菜に
ハマっている。

地球儀さん
地球からの声を伝えるため、入魂されたしゃべる地球儀。
周りをほめて伸ばしてあげるタイプ。

第 **1** 部

あるもので
楽しく、美味しく、
健やかに

買わない、捨てない、自然とつながる、
をキーワードにした「小さいアイディア」。
ゆる～くお散歩するように、
楽しみながらがポイントです。
気がつくと、
日々の不調やストレスも解消しているかも。

野草摘みのマナーとルール：食べるぶんだけ摘む。よくわからない時は絶対に食べない。人様の土地のものは勝手に摘まない。葉の裏に刺すタイプの虫がいることも。軍手やハサミの用意を。

第 **1** 章

「買わない」

～～～

　日本には古くから人々に利用されてきた野草がたくさんあります。野草には、現代ではすっかり忘れられただけで、優れた薬効があり、香りも素晴らしい。生命力が溢れる自然の恵みに気づいてみるだけで、心身もリラックス。感謝の想いで豊かな気持ちにも。まさに食生活の強い味方です。また、なんでも買うのが当たり前になっている生活の中に、「あるものを利用する」習慣を取り入れる試みでもあります。

　今回ご紹介する「キンモクセイ」「タンポポ」「桜の花と葉」「ヨモギ」「ドクダミ」「柿の葉」「イチジクの葉」などは、お散歩中の空き地などで採取できない場合、生えているご近所の方にお願いして、少し分けてもらっても。マナーを守り、「とり過ぎない」ことも大切です。

キンモクセイ酒
（桂花陳酒）

　自家製リキュールといえば「梅酒」が馴染み深いですが、白ワインで漬けるキンモクセイ酒はうっとりする香りで、一度作ると病みつきになる美味しさです。

　キンモクセイのお花の部分を漬け込みます。夏の終わりに、ここからは秋ですよ！と香ってくる、あの甘くどこか懐かしい香りを、おうちでいつでも堪能できます。

材料

キンモクセイの花……150g　　ホワイトリカー（35度）……300ml
氷砂糖……100g　　　　　　　白ワイン……300ml

作り方

1

キンモクセイの
花を丁寧にとり
流水で洗ってザ
ルにあける。

2

熱湯で洗って乾
かした保存瓶に
材料を入れて、
冷暗所で保存。

3

3ヶ月後にこし
て、花を取り除
く。

茶こし
などで
花を取り
除く

わくわく

Point

すぐに飲めるが、さらに6ヶ月間熟成させ
ると良い。1年以内、美味しい内に飲みき
る（長く時間が経つと香りが飛んでしまう）。

薬膳レシピ

キンモクセイの効能は、温中散寒、化痰、理気止痛など。
中国では桂花ともいいます。冷えを取り除き胃の働きを
助けたり、痰を除き、気の巡りをよくしてくれるので、
イライラや不眠症におすすめ。低血圧や美肌にも効果が
あるとされています。
ソーダで割ったり、リキュールグラスでストレートで飲
みます。お好みで甘味を足し、ゼラチンを加えて、ほん
のりお酒味の「大人のゼリー」にしても。

タンポポ酒

　タンポポの葉は、海外ではダンディライオンリーフと呼ばれて、ハーブのようにサラダで食べられています。根は「タンポポコーヒー」でおなじみですよね。春にどこにでも見つけられるあの花は、実は美味しくて体にもとても良い食材！　根は土の中に深く張っているので、丁寧に掘り起こしてくださいね。野原でこっそり（笑）。

材料

タンポポの全草（花、葉、茎、根）……60g
※花だけでも OK

氷砂糖……10g
ホワイトリカー（35 度）……400ml

作り方

1
タンポポは流水
で洗ってザルに
あける。根が大
きい時はざく切
りに。

2
熱湯で洗って乾
かした保存瓶に
材料を入れて、
冷暗所で保存。

3
1ヶ月後にこし
て、素材を取り
除く。

Point

タンポポの花は八分咲きがベスト。すぐに
飲めるが、さらに 3 ヶ月間熟成させると良
い。1 年以内、美味しい内に飲みきる。

薬 膳 レ シ ピ

中医学ではタンポポは全草（花、葉、茎、根）で生薬。
ホコウエイ（蒲公英）と呼ばれて、清熱解毒、消腫散
結、利湿・利尿、健胃などに効能が。じゅくじゅくし
たニキビなどにも効き目が。タンポポ酒はほろ苦さが
魅力で、食前酒にもぴったり。白ワインと割っても美
味しいです。カラメルソースに使うと、味に奥行きが
出てカスタードプリンが別物の美味しさに。砂糖を焦
がした後に加える水の代わりに、タンポポ酒を。

桜の花と葉の塩漬け

はぼらしい

　日本を代表する花である桜。あでやかな花の下を歩くだけでも、その生気をもらえます。花や葉には素晴らしい薬効があるので利用しないなんてもったいない！
　花の塩漬けは桜湯、葉の塩漬けは桜餅にしたり。独特の香りが魅力的。花は七分咲きで、葉は若葉の柔らかいものを使うのがおすすめです。

桜の花（八重桜がベスト）……とれたぶん適量
塩……花の重量の 30％程度
梅酢（または米酢）……適量

作り方

1

桜の花を丁寧に流水で洗ってザルにあけ、ペーパータオルで押さえて水気をとる。

2

密閉袋に花を入れ、塩を振り入れ混ぜ、重しをして一晩漬け込む（水が上がる）。

3

塩漬けの花の水気をしぼり、梅酢を振りかける（酢を入れることで鮮やかな色に仕上がる）。再度、重しをして 3 日ほど漬ける。

（この梅酢漬けの状態でも、カブなどの浅漬けと和えたりして美味しく食べられる）

4

優しく水気をとり、ザルにあけて半日〜2 日ほど陰干しする。

5

熱湯またはアルコールで消毒した保存
瓶に、塩（分量外）を再度まぶして入
れて冷蔵庫で保存する（1年間保存可
能）。

Point

干しすぎると色が悪くなることがあるの
で、加減を注意する。使う時は用途に合わ
せ、15分程度水につけて「塩抜」する。

薬膳レシピ

桜の花と葉には咳止め効果や、肺機能を高めたり腸
を潤したりする働きが。樹皮も生薬として使われて
います。あの素敵な香りは、塩漬けすることで出来
る「クマリン」という香り成分。抗酸化物質のポリ
フェノールです。抗菌作用、抗血液凝固などの効能
で知られていますが、桜餅を包む葉には防腐剤の役
割も。老化を防止してくれる抗酸化物質が含まれる
ので、桜餅はぜひ葉ごと食べたいですね。和菓子だ
けでなく、マフィン、アイスクリームといろいろな
料理に使って、桜風味を楽しんでください。

桜の葉（若葉がベスト）……とれたぶん適量
塩……葉の重量の30％程度
白梅酢（または米酢）……適量

作り方

1
桜の葉を水でよく洗ってから熱湯にくぐらせ、すぐに冷水にとって色止めする。

2
ペーパータオルの上に広げて水気をとる。

3
葉を数枚ずつずらして塩をまぶしていき、密閉袋に並べ入れ、白梅酢を加える。重しをのせ、2〜3日漬ける。

4
小分けにしてラップに包み、密閉袋に入れ冷蔵庫で保存する。

ラップに小分けに

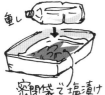

重し

密閉袋で塩漬け

水 15min

Point
若い柔らかな葉で作ると食味が良い。香りが薄くなる前の1年以内に使うこと。用途に合わせ、15分程度水につけて「塩抜き」する。

ヨモギ餅

　　和ハーブの女王「ヨモギ」。採取する場合、似た植物も
あるので最初は迷ってしまうものです。葉の裏面が白い産
毛に覆われているのが特徴。少し生長したものの方が、香
りがハッキリして確認しやすいです。春の新芽だけでなく、
10月頃の葉まで大丈夫。先端の若い葉を摘み取ります。
地下茎で増えるので、根ごと採取すればプランターで増や
せます（地植えでは、増えて広がってしまうので要注意）。

材料（5個分）

ヨモギの葉……とれたぶん適量
塩＆重曹……お湯 1L に対して
　　　　　　各小さじ 1 が目安
切り餅……4 個

砂糖……大さじ 3
つぶ餡……150g（1 個 30g 目安に小分けに
　　　　　ボール状にしておく）

作り方

1

採取して下処理をする。摘んできたヨ
モギは硬そうな茎は取り除き、よく洗
う。たっぷりの鍋の湯に塩と重曹を入
れ、1 分程度湯がく。

2

冷水にとり、15 分程つけたら、固く
絞る。細かく刻むか、フードプロセッ
サーなどでペーストにする。

3

保存する時は、2 を小分けにして保存
袋に入れ冷凍しておく。天日に干し、
乾燥させても保存ができる。

4

ボウルに切り餅と、餅にかぶるくらい
のお湯を入れて、レンジに 2 〜 3 分く
らいかけ柔らかくする。

5

お湯を捨てて、お餅が柔らかいうちに、ヨモギペーストと砂糖を加えてよく練る。手水をしながらお団子の形にする。

6

ボール状にしておいた餡を、お餅を平らにして包み込む。お好みできな粉を振る。

Point

若葉の頃はアクはそれほどない。栄養が失われては食べる意味がないので「アク抜きは素早く軽く」するのが良いです。

薬膳レシピ

ヨモギは生薬で艾葉とも呼ばれるキク科の植物。止血、浄血、増血作用があり、また末梢血管を拡張する作用も。血をきれいにし、血流を良くする「女性の強い味方」です。肉芽形成作用（傷を治す）と抗菌、抗炎症作用もあり、粘膜や皮膚を強くします。冷えにも効くので入浴剤にしても。動悸、息切れ、高血圧にも効果があります。

栄養価としては、β-カロテン含有量はカボチャやほうれん草に勝る「スーパー緑黄色野菜」。現代人に不足しがちな、食物繊維、カルシウム、鉄分も驚くほど豊富です。お茶はもちろん、ペースト状にしてヨモギカレーにしたり、パイ生地に入れたりと、お料理にも積極的に使えます。でも最初は手軽に「天丼」で味わってみるのがおすすめ！

（天丼の作り方は 37 ページコラム①「気づきの連鎖、買わない暮らし」参照）

ヨモギペーストが・・
あんば

ドクダミチンキ

　独特の匂いと、強い繁殖力で敬遠されがちなドクダミ。実はお茶など食用だけでなく、外用薬として大活躍する薬草です。一度ドクダミチンキを使ったら、市販の高価なかゆみ止めは買わなくなります（市販品は 50ml 程度で 600 円はするのに対し、ドクダミチンキならホワイトリカーの代金だけなので 10 分の 1 以下の値段に！）。それより何より、私の実感では、効き目が市販品をはるかに超えていると思います。強い殺菌力は、水虫や化膿したニキビ、腫れ物などにも効果が。花の咲く 6 ～ 8 月頃に採取すると薬効が高いですが、秋頃まで大丈夫。晩秋になると、地上部は枯れてしまいます。

ドクダミの葉（花がある時期は一緒に入れても良い）……適量
ホワイトリカー（35度）……適量

作り方

1
ドクダミの葉を流
水で洗ってザルに
あけ、キッチン
ペーパーで水気を
とる。

2
清潔な保存瓶にド
クダミの葉を8分
目くらいまで詰め、
ホワイトリカーを
ひたひたに注ぐ。

3
時々ゆすって、1
ヶ月後から使い始
める（素材は取り
出さなくて良い）。

Point

虫刺されで腫れがある時は、葉を患部に貼
りつけても良い。虫除けにもなるので、庭
仕事の前にスプレーしても。1〜2年は保
存可能。

薬 膳 レ シ ピ

ドクダミは十薬（ジュウヤク）と呼ばれる生薬で、たくさん
の効能があります。独特の匂いの元は「デカノ
イルアセトアルデヒド」という成分ですが、こ
れが強い抗菌性を持っています。乾燥させると
匂いが消え、この作用も同時に失われますが、
乾かしても利尿作用、体内の毒素の排出効果、
高血圧に効き目があります。
お茶なら、1週間くらい天日に干し、乾燥させ
て使います。生葉の場合は他のハーブとブレン
ドすると飲みやすいです。「ドクダミの根」も
キンピラ風にして食べられます。軽く下茹でし
てから、甘辛く豚肉と一緒に炒めても。

柿の葉茶

　ビタミンＣの含有量が驚くほど多い柿の葉茶。私は30代後半頃、ひどい肌荒れで悩んでいたのですが、柿の葉茶を飲み始めてすっかりきれいになりました。最初は市販品を買っていたのですが、自分で作れると知ってからは、手作りしています。採取は、渋柿でも甘柿でもOK。6〜10月までが葉のビタミンＣが最も豊富な時期です。出来上がった茶葉のビタミンＣ含有量は、材料の葉、作り具合でも差が出るようですが、茶葉100gに対し約400mg程度だそうです。あくまで概算ですが、サプリメントなどと違い、自然な形でビタミンＣを手軽に、かつ美味しくとれます。

材料

柿の葉……とれたぶん適量
※できれば採取は、11 ～ 13 時までの間がベスト

作り方

1
柿の葉を洗い、ザルに広げて 2 日ほど陰干しにする。

2
蒸し器で 3 分ほど蒸す。

3
ザルなどに広げて風通しの良い日陰で乾燥させる（太陽の直射を避けてください）。

4
十分に乾燥させたら、細かくしてお茶パックなどに小分けにし、乾燥剤とともに缶などに入れ保存する。

Point

劣化を招くので、最後は「しっかり乾燥」させる。柿の葉茶を広めた「西式健康法」では、蒸す前に 3 ミリ幅に刻む。素早く蒸すことで、ビタミン C が安定するそう。

薬膳レシピ

柿の葉茶はビタミン C が豊富なだけでなく、ノンカフェイン。また弱酸性なので、酸性の胃腸にやさしいお茶です。緑茶にもカテキンなどの有効成分がありますが、アルカリ性なので飲み過ぎると胃腸を荒らします。コーヒーなども利尿作用が強いので、その点でも水分補給として柿の葉茶はおすすめ。ビタミン C が無効になってしまうので、柿の葉茶を飲んだ後、すぐにコーヒーなど弱アルカリ性のものは飲まない方が良いです。

イチジクの葉包み

　イチジクの葉を使って、チキンやサーモンを包んで調理すると、あら不思議。ほんのり「ココナツの風味」になります。包みを破った時にふわっと立ちのぼる美味しい香りもご馳走です。ココナツがお好きな人はぜひお試しを。

　摘んできた葉で巻くだけで、いつものグリル料理が手軽に「ちょっと贅沢なひと皿」に大変身です。

サーモンのイチジクの葉包み：材料（2人分）

サーモンの切り身……2枚
イチジクの葉……2枚
オリーブオイル……少々

塩＆コショウ……適量
レモンのくし切り……適量
タコ糸……適量

作り方

1
採取したイチジクの葉は流水で洗い、水気を拭き取る。

2
サーモンに塩コショウし、オリーブオイル少々を振った葉に包み、タコ糸でしばる。

3
耐熱皿などにのせ180度のオーブンで約15分グリルする。

4
皿に盛り付け、タコ糸を外し、レモンとマヨネーズ（分量外）を添える。

Point
野外のバーベキューなどにもおすすめ。ソーセージ、豚肉のほか、ジャガイモ、ナスなど野菜を包んでも美味しい（食べる時にかけるレモンと塩を忘れずに）。

薬膳レシピ

乾燥させたイチジクの葉は「無花果葉」という生薬。お茶や入浴剤にして使うと、高血圧、神経痛、肝障害などに効果が（生葉から出る乳液にはイボ取り効果も）。

中近東ではぶどうの葉、南米など暑い国ではバナナの葉、アジア圏では蓮の葉が使われ、日本でも鯛の桜蒸し、などなど葉包み料理はいろいろあります。「香りづけ」のためだけでなく、包むことで水分や旨味が逃げず「ふっくら」仕上がり、「防腐剤」効果を兼ねる時もあります。何が出てくるのだろうとワクワク葉を開く感じが、食事に華やぎを添えます。

鶏胸肉に塩麹をまぶし、イチジクの葉で包んで一晩おき、蒸し鶏に。ふっくら香りの良い一品です。ごまだれと合わせてバンバンジー風のサラダにしても。

気づきの連鎖、買わない暮らし

　私の野草摘みのきっかけは、「ヨモギ餅」作りでした。

　最初は家から離れたところまで散策し、半信半疑でこわごわと摘んでいましたが、一度摘むと何故か簡単に発見可能になりました。探さずとも、あちらから存在をアピールしてくるかのように感じます。

　さらに芋づる式に他の薬草も見つかるようになり、気づきの連鎖が起こり始めます。「タダ」のご馳走や生薬がこんなに身近にあるとは、と目からウロコです。気がついていないだけで実は買わなくても自然からの贈り物に囲まれている。全ては地球にはぐくまれ、生かされているんだなと改めて実感します。摘みたてのヨモギを使った手作りヨモギ餅は、昔おばあちゃんが作ってくれたのと同じで素晴らしい香りです（作り方は26ページ参照）。

　また、まずはお手軽に「天丼」もおすすめ。柔らかい穂先だけを下処理し、衣（小麦粉1、水1、塩とベーキングパウダー少々）につけて揚げ、天丼のタレ（醤油大さじ3、みりん大さじ1、砂糖大さじ1を煮詰める）をからめて、ご飯にのせるだけ。甘めのタレと、摘みたてのヨモギの野趣あふれるほろ苦さがマッチして、きっとその美味しさに感動します。

ヨモギは春菊と同じキク科。ヨモギがあればもう天ぷら用に高い春菊を買わなくても大丈夫!?

※ SDGs とは「Sustainable Development Goals」を略したもので、人類、地球のために設定された「持続可能な開発目標」で国際社会共通の目標。

第 **2** 章

「捨てない」

　食品や使える品物を、気軽に捨てない。

　この「もったいないマインド」は、単なる「ケチケチ・節約」とは、似て非なるものです。一見すると、もう役割を終え廃棄すべきかに思えるモノたちを、いま一度ながめ直し、別の角度からスポットライトを当ててみる。アイディアと工夫で、そこに新たな命を吹き込むわけですから、とってもクリエイティブです。そして「無駄・ゼロ」感。これが、ミョ〜にすがすがしい、至福の気分をもたらします。ゴミだと思っていたモノが、実はお宝だった！ なんて発見をしたりも（ついでに、不必要に買わなくなる作用もアリ）。縁あって目の前にやってきた命を、軽視せず、最大限に生かそうと感謝を持って大事に取り扱う。そう、どんなモノにも命が宿っている。この想いがあると、不思議なことに自分自身のことも、同じように一層大切に扱うようになる気がします。

玉ねぎの皮・ニンニクの皮

　野菜や果物の皮は中身より栄養価が高いですが、その中でも、玉ねぎの皮の「ケルセチン」は抗酸化力が強く、血液サラサラ効果もあります。中身の白い部分より30倍も多く含まれています。ニンニクの皮も同様で中身より抗酸化物質を多く含み、捨てるのはもったいないお宝。食物繊維やミネラルなどもたっぷりなので、エキス液だけでなく煮出した後のだしがらもお料理に活用を。

材料

玉ねぎの皮、ニンニクの皮……それぞれ適量

作り方

1

玉ねぎの皮、ニ
ンニクの皮をよ
く洗う（傷んだ
り黒ずんだりし
ている部分は取
り除く）。

2

ザルにあけ、1
〜3週間天日干
しにする。

3

ミルやすり鉢
で、粗めの粉末
にして密閉容器
に入れ、冷凍庫
で保存する。

Point

密閉袋などに少しずつ皮を溜めておき、
ある程度の量になってから作業すると効
率的。いっぺんに作るなら、皮を剥いた
ニンニクはオリーブオイル漬けに、皮を
剥いた玉ねぎは刻んで冷凍にしておくの
も手。

捨 て な い レ シ ピ

玉ねぎは天日干しで、ケルセチンの量がさらにアップ。
皮はカラカラにすることで、保存性も高まります。お茶
パックに入れておくと、手軽に使いやすいです。玉ねぎ
の皮を15分くらい煮出したエキスは、やや苦味があり
ますが、逆にそれがオニオングラタンスープの味の奥行
きに。だしがらは、ちりめんじゃこと一緒に甘辛くから
煎りし、ふりかけに。この液は頭皮マッサージにも。加
齢でコシがなくなった髪に活力を与えます。

ダンボール紙プランター＆
トイレットペーパーの芯で苗ポット

　ダンボール紙プランターは、見た目がナチュラルで案外いい感じ！　最後は土にかえります。
　トイレットペーパーの芯も紙素材なので、植え替えする時そのままでOK。

ダンボール紙プランター：材料

ダンボール……適量
（ちぎって水に一晩つけておく）
※型に使うプランター……大小各1個

作り方

1

一晩水につけたダンボールをたっぷり
めの水と一緒にミキサーなどでペース
トにする。手で練ってもOK。

2

大小のプランターを重ねて型にして、
1をしぼって隙間に押し込む。天日干
しで1週間くらいしっかり乾かす。

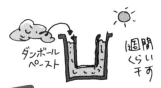

Point

しっかりペースト状にして、型にはめてか
らも指で押すように水気を切ると、乾燥時
間の短縮に（気温によるが、1週間くらい
が目安）。

トイレットペーパーの芯で苗ポット：材料

トイレットペーパーの芯……適量

作り方

1

芯の半径分の長さを折り、ラインを作
る。

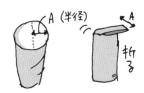

2

ラインまで4ヶ所切り込みを入れ、4
辺を順に折って、最後一枚をかませる
ようにひっかけて閉じる。

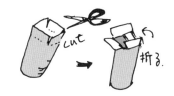

Point

底面中央を少しくぼませることで、立
てた時に安定する。

ペットボトルで
ミントのハンギング

　ペットボトルを再利用すれば、手軽に可愛いハンギング
ボールを楽しめます。ミントはハーブの中でも育てやすい
ものの代表格。料理用に買って余った茎を、水に浸けると
数日で発根。上に向かって育ち、摘芯（先端の部分を摘み
取ること）するとどんどん枝分かれして、こんもりするの
で、ハンギングに仕上げるのに向いています。

材料

1.5 〜 2L など
大きいサイズのペットボトル……1 本
麻紐……適量

発根させたミントの茎……8 〜 10 本
培養土……適量

作り方

1

ペットボトルをカッ
ターで半分に切る。

2

吊り下げ紐用とミン
ト用の穴を側面と底
面にキリやドリルな
どであける。

3

水栽培して発根させ
たミントの茎を側面
の穴に入れ、その後
培養土を入れる。

4

吊り下げ紐を通して
吊るして、水をたっ
ぷりあげる。根が活
着するまで数日水や
りを控え、半日陰で
管理（その後は日当
たりの良い場所へ）。

Point

新芽が伸びてきたら、収穫を兼ねて先端
を摘芯する。枝分かれして、こんもりと
仕上がる。

捨 て な い レ シ ピ

500ml サイズのペットボトルも、室内の水栽培用ポットとし
て再利用可能。半分に切って逆さに重ね、下の部分に水を入
れます。水栽培では、根腐れしづらいよう、野菜の底が少し
だけ水に浸かっている状態にするのがベスト。この再生ポッ
トだと、根がギリギリ触れるだけになるので、水を求めてよ
り発根が促されます。見た目が気になる場合は、小さなカゴ
などに収めるとグッド。このポットは球根栽培にも使えます。

お米の研ぎ汁、牛乳パックのすすぎ水で液肥

　家庭菜園をしていると、栽培にかかる費用も侮れないものです。お米の研ぎ汁、飲み終わった牛乳や豆乳のパックのすすぎ水は、とても良い液肥代わりになります。捨てずに水やりに利用してみて。栄養価も高く、土の中の微生物に活力を与えます。多肥を必要としないタイプの植物には、これで十分に足りてしまいます。

材料

米の研ぎ汁・飲み終わった牛乳や豆乳のパック……適量

使い方

1

米の研ぎ汁は植物にそのまま与えて
OK。飲み終わった牛乳や豆乳パックの
場合は、水を8分目くらいまで入れてよ
く振りまぜて与える。

ビタミンと
ミネラル
も豊富!

株元へ

追肥と
水やりに

Point

米の研ぎ汁は、1回目の濃いものがベス
ト。ジョーロに移すとあげやすい。

おまけレシピ

卵の殻は有機石灰質肥料としても売られています。カルシウムな
どミネラルが豊富。乾燥させて細かく砕けば、牡蠣殻石灰などと
同じように酸度調整になり、肥料として使えます。私は、肥料と
いうよりは手で粗く砕いて、枝元を覆う「マルチング材」代わり
に使っています。ナメクジ、ネキリムシなどの虫除けに効果あり。
内側の薄い膜とわずかに残っている卵白は優良なタンパク質。土
に良い栄養分なので、洗いすぎずに天日で乾かして使います。

梅酢でお掃除

　梅干し作りの副産物「梅酢」は、お料理だけでなく洗剤としても使える優れもの。梅の土用干しの時に、偶然にウッドデッキにこぼしたら、カビで黒ずんでいた部分がきれいになっていて、もうびっくり！　素晴らしい殺菌作用は、歯磨き、うがい薬にも使えます。食品なので飲んでも安心。捨ててしまうのはもったいないお宝なのです。

材料 梅酢……適量

使い方

Point

大理石は色抜けしてしまうので使えない。金属類も長時間浸けると変質する場合があるので注意。

1

梅酢をスプレー容器などに入れ、洗面台やお風呂場の白い水垢に適量振りかけ、15分程度おいてからこする。ウッドデッキなどのカビ取りの場合も、同様に15分程度おいてからこする。

薬膳レシピ

梅酢は殺菌効果以外にも、疲労回復、成人病予防、消化促進などのたくさんの効能がある「健康調味料」。寿司飯はもちろん、唐揚げなどお肉の下味にすると、クエン酸効果で柔らかく風味も美味しく仕上がります。でも、なんといってもおすすめなのが梅酢で作る紅生姜。無添加の味わいが絶品です。新生姜でなく普通の生姜でもOK。刻んでたっぷり塩をし、水出しをした後、軽くすすぎしぼってから、瓶に入れて梅酢を注ぐだけ。翌日から食べられます。

おまけレシピ

・「石鹸のカケラ」は捨てない

最後のちび石鹸のカケラは、水切りネットに入れボールにすると上手に使い切ることができます。その際、「タワシをソープディッシュ代わりに」しておくと、下に落ちる石鹸液でそのままお掃除もできて、一石二鳥。

・「乾燥剤」は捨てない

海苔などの食品に入っている「乾燥剤」は、靴箱、種の保存袋、自家製干し野菜の容器などに入れ再利用。市販の湿気とりを買わずに済みます。時間が経つと、パンパンに膨れてくるので取り替えます。

ちび石鹸

タワシ

6 Rice bran

米ぬか石鹸&
入浴剤

　米ぬかを「ぬか袋」にして石鹸のように顔や体を洗ったり、入浴剤として使ったりすることは、昔から日本で親しまれてきた暮らしの知恵。保湿や保温に優れ、優しく肌の汚れを落としてくれます。加齢で乾燥しがちな私にもぴったり。お肌がしっとりして、高い入浴剤も不要になりました。湯上がりも温泉に入ったような満足感。ほんのりとわずかに甘い香りも漂って、自分が「たきたて白ごはん」になった気分に（笑）。毎日食べるお米の、偉大なる副産物を廃棄などせず活用したいものです。

材料

米ぬか……適量
※米ぬかは、お米やさん、スーパーの精米機などで入手可能
ガーゼなどの布（使いづらいがお茶パックでも OK）……適量
輪ゴム……2 〜 3 本

作り方＆使い方

1

ガーゼなどの布で米ぬ
かを包み、輪ゴムで留
める。

2

お風呂でお湯を含ま
せ、白い液が滲み出た
ら顔やお肌を撫でるよ
うに洗う。湯船で使え
ばお湯も白くなるの
で、ゆっくりつかる。

Point

1 〜 2 回使ったら新しくす
る。米ぬかは新鮮な方が良い
ので冷蔵庫で保存し、早めに
使う。

捨 て な い レ シ ピ

米ぬかの美容成分は「イノシトール」「γ-オリザノー
ル」などなどたくさんあり、保湿、血流促進、ター
ンオーバーを促す等の効果があるそう。私は頬に割
と大きな「老人性色素斑（シミの代表格）」があり、
レーザー治療を検討するほど気にしていましたが、
「米ぬか袋」でかなり薄く！ もちろん単に時間の
経過による治癒の可能性もありますが、「米ぬか袋」
の後押しもあってかなと感じています。使い終わっ
たカスは、もちろん「生ゴミ堆肥」に。

上・2 年前。コンシーラー
でもごまかせない濃さ
下・現在。輪郭もぼんやり
してきて、かなり薄く！

みかんの皮
（陳皮）

　みかんの皮を干したものは陳皮<ruby>陳皮<rt>チンピ</rt></ruby>という生薬。七味唐辛子のメンバーとしても有名ですね。

　とても素晴らしい薬効があるので、捨ててしまってはもったいない。作り方はとても簡単。洗って干すだけです。黒く変色した15年ものの陳皮などは、生薬として購入するととても高価。皮についた農薬が気になる場合でも、水溶性の有効成分が溶け出さないよう、煮こぼしたりはせず、水でよ〜く洗って使います。

みかんの皮……適量

使い方

1

みかんの皮は剥
く前に流水でよ
く洗う。重曹水
に 5 分ほど浸け
ても OK。

2

剝いた皮をザル
に入れ、カラカ
ラになるまで天
日干しに。天候
によるが、1 週間
くらいが目安。

Point

乾燥剤を入れた容器で冷蔵庫で保存する。陳皮は 10 〜 15
年ものほど優れた薬効があるとされており、しっかり乾燥さ
せ、カビないよう上手に保存すれば、長期にわたり使えます。

薬 膳 レ シ ピ

陳皮には気の巡りや、痰や咳を改善
する効果などがあります。ポリフェ
ノールの一種、ヘスペリジン（ビタ
ミン P）が豊富で、毛細血管の強化、
血流の改善効果があります。皮の内
側や、白い筋の部分にも多く含まれ
るので、実を食べる際も取り除かず
に袋ごと食べたいところです（レモ
ン、グレープフルーツ、ゆずなどの
柑橘系にも含まれています）。
乾かしたみかんの皮は、お茶にした

り、ミルで粉末にして餃子に入れた
り。入浴剤にしても。

第 **3** 章

「自然とつながる」

〜〜〜

　観葉植物が室内にあるだけで、心がほっと癒されます。「園芸療法」と呼ばれるものがあるように、植物とのふれあいは精神と肉体を癒し、健康にも影響を与えます。緑があるだけで怒りやイライラがしずまったり、ささやかな世話をしているうちにモヤモヤが晴れてくるのは、園芸をすると誰もが気づくことではないでしょうか。都会での暮らしは、植物などの自然と隔離された環境になりがち。たとえ小さな植物であっても自然とつながってみると、地球と自分はひとつなんだと感じられてきます。

室内の緑を増やそう①

ポトスの増やし方

　　ポトスは最もポピュラーなツル性の観葉植物。土植
えが良いですが、水だけの栽培でも、どんどん新芽を
伸ばします。伸びすぎると、栄養が行き渡らなくなり
葉が小さくなってしまうので、剪定を兼ねてツルを切
り、そこから新たな苗を増やしましょう。あっという
間にポトスだらけのお部屋になります。ハンギングや、
ヘゴ支柱を立ててタワーにしても。

ポトス……適量

ポトスの増やし方

1

伸びたポトスのつるを、それぞれに不定根（茎や葉から出る根）があるようにTの字に切り分ける。

2

水栽培で白い根が増えてきたらプランターや鉢などに土植えする。

Point

小さい枝が扱いづらければ、数本を輪ゴムで留めて束にすると良い。

おまけレシピ

モンステラ、コンシンネ、金のなる木やサボテン、グラパラリーフなどの多肉系植物、珍しいところだと最近人気のスイカ柄が可愛いスイカペペロミアなども、意外と簡単に、枝を水に挿すだけで発根し増やすことが可能です。植物によって適した時期がありますが、基本的に春から初夏、秋口などの気温が安定している時が良いでしょう。真冬と夏の暑い時期はあまり適しません。

室内の緑を増やそう②

苔アート

　最近は、苔玉など苔の可愛さに魅せられる人も多いようです。私も初めて苔を触った時、意外に乾いた感じの「もふもふ」した質感に、胸がキュンとしました。お散歩中に見つけたら、ぜひお手軽に苔アートを楽しんで。

材料

採取した苔類……適量
ハイドロボール……適量

ポトスの増やし方

1
街路樹などから苔を採取する（虫
のチェックを）。

2
ハイドロボールを容器に入れて水
で湿らせ、苔とお好みのオブジェ
などを配し整える。

ハイドロボール

Point
水やりは霧吹きで。乾燥しないよ
う様子を見て適宜に。

おまけレシピ

多肉植物のセダム類も手軽でどんどん増えるので、栽培
初心者さん、ズボラさんにおすすめです。苔類のように、
ひとかたまりをゲットしたら、土の上にポンとのせてお
くだけで、自然に根付いてくれます。可愛いだけでなく、
植物のマルチング（株元をさまざまな資材で覆うこと）
代わりにもなり、水分や土の温度の急激な変化を和らげ
てくれます。

メダカのビオトープ

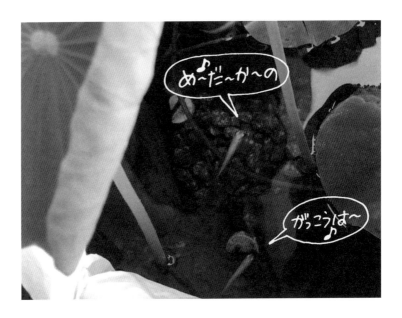

　レンコンの再生栽培をしていた水槽で、ボウフラが大量発生したことがありました。対策法を調べたら、メダカがボウフラを食べてくれると知り、初めてビオトープに挑戦してみることに。メダカの糞も植物の肥料になるので一挙両得。メダカのおかげでボウフラがいなくなり、水もきれいに透き通り、その効果にびっくりしました。小さい鉢の中でも自然の循環を実感できます。また、メダカたちが毎日元気に泳いでいる姿にはとても癒されます。

材料

メダカ……数匹（水1Lに1匹が目安）
底床（泥状に練った赤玉土など）……適量
水生植物（睡蓮やレンコンの再生栽培などお好みで）……適量
竹炭（または麦飯石など水質を良くするバクテリアの住処になる多孔質の資材）……適量
水草……少々

作り方

1

容器（バケツなどでもOK）に底床を入れて、水生植物を植え、水をはり竹炭を入れる。

2

メダカの水槽に1の水を半分入れ、1日ほど温度や水質に慣れさせる。

3

1にメダカと水草を入れる。1日1〜2回餌を与える（冬場は餌をあまり食べない）。

Point

酸欠になると、メダカはひんぱんに水面で口をぱくぱくさせるので、シャワー状にして水をやったり、固形酸素発生剤（水と反応して酸素を出す。100円ショップなどで購入できる）などを入れたりすると良い。

おまけレシピ

春になると、水草にメダカの卵が産みつけられます。親メダカが間違って食べてしまうので（悲）、見つけたら別の水槽に移してあげると良いです。ただ、私の場合、次の年に卵が大量に生まれ、メダカが増えすぎて水槽を増設。メダカの寿命は約2年なのですが、増えすぎてしまうことを考えると、多少の「自然淘汰」は正しいのかもしれません（飼っているメダカを川に放すのは禁止です）。

メダカの赤ちゃんは針子と言うそう。小さい針みたい

生ゴミ堆肥・
土の再生

　生ゴミ堆肥は、生ゴミの削減になるのはもちろん、なんといっても野菜の生育を格段に向上させます。新しい培養土や、土のリサイクル材などの費用の削減にもなります。土をかぶせるので、臭い、虫なども気になりません。投入した生ゴミがすっかり消えてしまう様子には、目に見えない「微生物」の凄さを実感します。堆肥作りで活躍するのは好気性の微生物なので、「空気の流通」の確保と、「適度な水分」（軽く握ってかたまりがぽろっと崩れる程度）の保持を。気温の低い時期は分解がゆっくりになります。

材料

古い土……適量
生ゴミ（野菜や果物の皮など分解しやすいもの）……適量
米ぬか……適量

作り方

1

プランターに、古い土、生ゴミ、米
ぬか少々の順番で重ねていく。最後
は土で終わるようにし、雨が入らな
いように通気性のあるカバーをする
（100円ショップのレジャーシート
でOK）。

2

生ゴミが出たら同様の要領で投入し
ていき、1週間ごとにかき混ぜる。
容器がいっぱいになったら、投入を
止め、そのまま熟成させる。暖かい
時期で2ヶ月程度が目安。

Point

生ゴミは、コーヒーカス、バナナの皮、パンなどもお
すすめ。分解に時間がかかるもの（貝類、玉ねぎの皮、
卵の殻など）は入れないか、ごく細かくする。
※私は植物性のものだけで作っています。

おまけレシピ

古い土を探ると、コガネムシの幼虫（ネキリムシ）
が出て来ることがあります。土をシートなどに広げ
て取り除くか、取りこぼしが心配な場合は「熱湯消
毒」がおすすめ。沸騰したお湯を数回かけます。
70度以上を10分くらい保持すると死滅すると言わ
れています。熱湯消毒は「生ゴミ堆肥を作る前」に
やってください。

食品ロスについて

〜〜〜

　世界中で問題となっている食品ロス。日本でも年間で522万トンの食品が捨てられているそう（2020年度）。これは世界で飢餓に苦しむ人々へ行った食糧支援量の1.2倍に相当するというから驚きです。また、食品生ゴミの処理費用は年間で8000億円とも推定されているそうです。

　意外だったのが、家庭からの食品生ゴミが、なんとお店の売れ残りや事業者からの食品ロス量とほぼ同じくらいだという点。それを知った時「え！　そうなの!?」と正直びっくり。ということは、逆に言えば、ひとつひとつの家庭の小さな試みが食品ロスを減らすことに強力な影響力を持つということでは？

　農林水産省の調査では、最も捨てられているのは「野菜類」。理由のひとつは過剰除去（皮などを厚く剥く等）なのだそうです。皮には栄養がたくさん含まれているのに切ないです（他の理由には、賞味期限切れや食べ残し等があります）。

　私自身は、基本的には全て皮つきのまま食べ、料理上、どうしても皮を剥く必要がある時は、大根、ジャガイモ、ニンジンなどの根野菜の皮は干してだしにしたり、かき揚げにしたりして美味しく味わっています。根野菜は土の中で育つので、農薬については葉物ほど心配しなくても大丈夫です。葉の部分は水栽培で増やして、お味噌汁の具にしています（大根、ニンジン、カブなどが特にオススメ）。

ついでに言えば、あんこを作る時も、小豆の煮汁はポリフェノールがたっぷりなので、煮こぼさずに作るし、ゴボウも同様にアク抜きせずに使います。どうしてもロスが出る場合でも、「生ゴミ堆肥」へ投入し、良い土になってもらうという具合です（生ゴミ堆肥の作り方は62ページ参照）。本来、野菜の命には無駄にする部分などないのです。

　実はこれらは、「食品ロスを減らすため！」というより、単に、せっかくの野菜をいちばん美味しく味わいたいという「野菜愛」からの行動。野菜の栄養や旨味をあますところなく取り入れることで、結果的に環境にも貢献できているというわけなのです。

しいたけの軸には、旨味のアスパラギン酸がカサよりも多く、この旨味を求めて、軸だけでだしをとっている食品工場もあるそう。肝機能を高めるオルニチンはカサの2倍以上も含まれており、食物繊維も豊富です。先端の硬い部分だけを切り落とした上で、ぜひ捨てずに食べたい部分です。しいたけは天日干しすることでビタミンDが大幅に増加します。太陽（紫外線）の力はすごい。軸ごと干して栄養価も最大限にしてから利用したいものです。

第 **2** 部

再生栽培で

とれたてを、
まるごと

これまでは捨てていた野菜の切れ端、
皮などから収穫を目指す「再生栽培」。
意外なものも育てられます。
栽培スタートに適した季節ごとに分類して、私と同じズボラさんでも、
簡単に育てられるものをピックアップしました。
育てた野菜は、まるごとで味わえる安心無農薬です。

季節について：関東、関西地区の平坦地を基準にしています。

第 1 章

「春から始める」

〰〰

　春から栽培できる野菜はたくさんありますが、今回は「サツマイモ」「ひまわりの種（ナッツコーナーで売られている食用）」「ゴボウ」「ムカゴ」を取り上げました。根野菜の栽培は、最初の植え付けから地上に葉を出すまで1ヶ月～1ヶ月半と時間がかかるものが多いですが、その後はぐんぐん生長します。

　また、植物にはそれぞれ発芽に適した温度があります。春先はまだ朝夕と気温が低い日もあるので、室内で適宜に温度管理すると良いですよ。

春から栽培可能な「その他の再生野菜」

カイワレの根元から／大根の葉＆サヤ、**食べた種から**／ミニトマト、**芽が出たカケラから**／生姜、**先端のある節目から**／レンコン、**茎から**／ミント、バジルなどハーブ類、**豆苗から**／絹さや（前年の秋栽培だけでなく春植え可能）、**芽が出た芋から**／ジャガイモなど

サツマイモの再生

　サツマイモからうっかり「芽」が出てしまっていた！なんて経験のある人がいるかもしれません（←ワタシ!?）。生命力が旺盛な野菜です。サツマイモは通常は園芸店で春先に出回る「芋づる」を穂苗として植え付けて育てます。

　再生栽培ではこの「芋づる」をキッチンのサツマイモから育てて、それを大きなプランターなどに植える順番。サツマイモを丸ごと使う必要はなく、4センチくらいあれば十分この芋づるを育てることが可能です。注意点は栽培スケジュール。芋づるを7月中には植え付けられるように苗を準備します。

サツマイモの特徴

中央アメリカ原産。
雨の少ない熱帯地域が原産地なので、高温や乾燥に強いうえ、
栄養分の少ないやせた土地でもよく育つ。

- **発芽温度：**15 度以上
- **生育温度：**茎葉 30 ～ 35 度 / 芋の肥大 22 ～ 26 度（地温）
- **収穫までの期間：**苗作り 1 ヶ月半、植え付けから収穫まで約 4 ～ 5 ヶ月

栽培プロセス

1

サツマイモの先端を 4 センチくらい
カット。ひたひたの水につけて室内で
育てる。

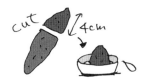

2

発根が確認できたら、小さめのプラン
ターに土植えし、芽を育てる。

3

葉が 8 枚くらいに育ってきたら、切っ
て苗にする。

4

深さ 30 センチ以上ある大型プラン
ターに植え付ける。苗の先端（穂先）
が必ず土の上に出て、3 節以上は土の
中に入るようにする。

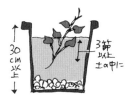

5

途中、葉の色が悪いなと思ったら適宜追肥する。ただ、肥料が多いと芋が育たないので、「やりすぎないよう」注意する。

6

晩秋に、地上部の葉がすっかり枯れてきたら掘り起こし乾かしてから冷暗所で保存する（霜にあたると芋が腐敗するので収穫が遅れないよう注意）。

Point

収穫して2週間くらい待つと甘みが増す。

植え付け方 3 種類

・水平植え＝芋の数が多くなる
・斜め植え＝活着しやすい
・垂直植え＝芋の数は少ないが大きくなる

水平植え　斜め植え　垂直植え

薬膳レシピ

効能：健脾（けんぴ）（消化力の低下に効果）、補気（ほき）（気力、体力を増強）

胃腸の不調によるむくみや便秘。元気がない、なんだか気力がわかないという時に良い食材。サツマイモをゴロゴロ入れたお味噌汁などがおすすめ。

ひまわりの種①
ナッツコーナーの「食用ひまわりの種」から再生

　夏の風物詩、ひまわりの花。最近は品種改良され、お花やさん
にたくさんの種類が売られています。目を楽しませてくれるだけ
でなく、種は栄養価も高いです。古くからネイティブアメリカン
の食用作物として活用されてきました。ナッツコーナーなどで売
られている、おつまみ用の「ひまわりの種」から、実は立派に栽
培が可能です。お菓子作りなどで買ったものが余っていたら、ぜ
ひお試しを。ただローストしていない「生タイプ」のものを使っ
てください。加熱したものは発芽しません。買うと高いひまわり
の花が、再生栽培で切り花としても楽しめます。花の大きさは割
と小ぶりのタイプです。

ひまわりの特性

アメリカ北西部原産。
暑さに強いが、真夏に水切れすると弱るので注意。
品種によるが、苗丈は1メートル以上に。1年草。

- **発芽温度**：20度〜25度
- **生育温度**：18〜30度
- **開花までの期間**：種蒔きから2〜3ヶ月
- **種の採取**：枯れてから1ヶ月後を目安

栽培プロセス

1

容器にキッチンペーパー、種を並べ、
水で濡らして発芽させる。

2

発芽が確認できたものを、数個ずつ苗
ポットに植え付ける。

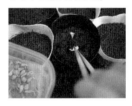

3

生育の良いものを残して適宜間引く。
植え替えは本葉4〜5枚頃で丁寧に。
暖かい時期なら、最初から大きなプラ
ンターに植えて間引いても。

4

日当たりの良い場所で管理。表面が乾
いたら水はたっぷり。過湿を嫌うので
注意。追肥は液肥なら3週間ごと。花
が咲いたら追肥は止める。

5

開花後、枯れて、種の重さで首が垂れ、完熟して黒っぽくなったら刈り取る。

6

さらに乾かしてから、種を外して外側の殻から中身（仁）を取り出す。指で割り、簡単に取り出せる。

食べ方3種類

1　スナックの「ひまわりの種」のように外殻をむき、オリーブオイルとともにミキサーでピーナツバターのようなペーストに。

2　採種した種を室内で水栽培して「ひまわりスプラウト」に。

3　花びらを乾かしてお茶に。

薬膳レシピ

効能：健脾、通便、理気（気の巡りを良くする）

高血圧、めまい、頭痛、化膿性の炎症にも効果があるとされています。栄養価は、体内で合成することができないリノール酸がたっぷり。血中コレステロール値を下げる効果があり、ビタミンE、亜鉛などミネラルも豊富。アレルゲンフリー食材なので、アレルギーの人でもピーナツなどの代わりとして食べられます。「松の実」の代わりに、バジルとジェノベーゼにしても美味しいです。

ひまわりの種②
ひまわりスプラウト栽培

　欧米では人気の高い「ひまわりスプラウト」。新芽類は
ブロッコリースプラウトが有名ですが、新芽パワーの栄養
価は、生長後の野菜より優れています。「ビタミンEのハー
ブ」とも呼ばれるひまわりの新芽には、肌の新陳代謝をサ
ポートする美容成分が豊富。栽培は必ず「自分で採種した
もの」か「スプラウト用の種」から育てます。花栽培用の
市販の種は、薬剤の影響がある場合があります。

ひまわりスプラウトの特性

・**発芽温度**：20 〜 25 度
・**生育温度**：18 〜 30 度
・**発芽までの日数**：3 日 ・**収穫までの日数**：約 10 日〜

栽培プロセス

1

ペーパータオルを5枚重ねて敷き、押すとしみ出る程度に水を含ませる。重ならないように種を蒔く。

2

暗い場所か、空気穴をあけたアルミホイルなどでフタをして光を遮断。毎日1回、霧吹きで水を与える。

3

根が張れば直接容器へ水を注ぎ、毎日取り替える。ある程度伸びたら、日光に当てて葉を緑化させる。

4

5〜7日程度で緑化するので、根元をハサミで切って収穫。

Point

生で食べる時は、しばらく水にさらし流水でよく洗う。

薬 膳 レ シ ピ

効能：健脾、通便、理気

胃腸を整え巡りもよくします。栄養的にはタンパク質、ミネラル、ビタミン C、E に富んだ美容野菜！ 茎葉は肉厚でしっかりしているので、もやしのように加熱調理してナムルなどに。塩、砂糖、醤油、ごま油、白いりごまで和えます。

ゴボウの頭から
タコ足収穫

　ゴボウは通常は種から育てますが、スーパーで売られているゴボウの頭を利用して再生栽培が可能です。新芽の出る頭の部分が切り落とされていないものを使います。普通のゴボウのように真っ直ぐに育たず、「タコ足」状に枝分かれしてしまいますが、お味はとても美味しいです。春植えと秋植えができ、春植えの方がトウ立ちせずおすすめ。容器は深めのプランターや、袋を上手に利用します。プランター栽培ではあまりポピュラーな栽培野菜ではないですが、とれたてのゴボウの香りにきっと感動します。収穫後、同じように頭の部分で再び栽培も可能！　上手に育てれば、エンドレスに食べられます。

ゴボウの特性

ユーラシア大陸北部原産。
根部はマイナス 20 度にも耐え、耐暑性もあるので作りやすい野菜。
強い光線を好み、乾燥には強いが、過湿には弱い。多年草。

・**発芽温度**：20 ～ 25 度
・**生育温度**：20 ～ 25 度
・**収穫までの期間**：植え付けから収穫まで約 4 ～ 5 ヶ月

栽培プロセス

1
ゴボウの頭部分 5 センチくらいをプランターに植える。

2
新芽を確認し、生育の良いものを大きく深めのプランターに植え替える。

3
葉が 5 ～ 6 枚になった頃、追肥と土寄せをする。

4
茎の太さが 2 センチくらいになったら収穫する。

Point
収穫が遅れると、ゴボウに「ス」が入るので注意。

薬膳レシピ

効能：体内の余分な熱や毒素を取り除き、
**　　　舌の粘りや腫れ物などを改善。便秘、降圧効果なども**

栄養素は何と言っても食物繊維。皮にはタンニンやクロロゲン酸などのポリフェノールが豊富。なるべく皮は剝かず、タワシや包丁の背などで軽く表面をこそげ取るようにすると香りも逃げません。栄養面からは、アク抜きのために水にさらす場合は短時間にしましょう。栽培した細めのゴボウは、ニンジンと煮含めて韓国風の巻き寿司にするのにちょうど良い太さです。

山芋の皮からムカゴ

　お店にはあまり出回らず高級食材のイメージもあるムカゴ。ちょっと厚めにむいた山芋の皮から、この「秋の珍味」であるムカゴが手軽に収穫できます。ねっとりとした食感や栄養価も山芋とほぼ同じ。まさに山芋の赤ちゃん、ミニミニ山芋です。一度植えたら水やりだけの放任でも夏にむかってぐんぐんツルを伸ばし、そのまま同じプランターで翌年以降も収穫が続きます。プランターの土を掘り起こしたら、小さい山芋も収穫できます。こちらはおまけですが、捨てる部分の皮からの栽培。小さくてもお得な気分になれます。芋を選ぶ時は、皮の表面のひげ根、ひげ根跡の多いものを。

山芋の特性

栽培品種の多くは中国原産。
特に粘りの強い「自然薯／ジネンジョ」は日本原産で山野に自生する。
長芋、イチョウイモ、ツクネイモなど種類がある。

・**発芽温度**：17度以上　・**生育温度**：20 〜 25 度
・**収穫までの期間**：春に植え付け　秋に収穫する

栽培プロセス

Point

収穫期は風で落ちやすいの
で、取りこぼれに注意する。

1

5 ミリ厚に皮を剝
き、6 センチ× 4 セ
ンチ角にし、一日程
度天日干しする。

2

深さ 20 〜 30 セン
チくらいのプラン
ターに培養土を入れ
皮を植えて土を 4 セ
ンチほどかぶせる。

3

苗が伸びて来たら支
柱を立てる。追肥は
月 1 回。水やりは表
面が乾いたらたっぷ
り。

4

秋にムカゴを収穫。
触ったらぽろっと取
れるのが適期。葉が
すっかり枯れた頃、
地下には長芋もでき
ている。

薬　膳　レ　シ　ピ

効能：滋養強壮、老化防止

山芋は「山薬（サンヤク）」と呼ばれる生薬で、日本でも昔から「山のう
なぎ」と呼ばれます。皮にも薬効がたっぷりです。表面のひ
げ根を火で軽くあぶったり、しごいて取り除き、皮のまます
りおろしても。ムカゴは皮のまま食べるので、その意味でも
二重丸です。まずはムカゴご飯で味わってみて。炊飯器にお
米と一緒に入れてたくだけです。

第 **2** 章

「夏から始める」

〜〜〜

　夏の実野菜は、買った苗を5月上旬頃までに植え付けるのが通常の栽培スケジュールです。ところが、夏野菜は発芽温度が高めのものが多いため、種から苗作りをする再生栽培では、育苗用の保温器などがないと、5月頭までに間に合いません。植え付けが遅れ、収穫時期も少し後ろにずれてしまいます。ただ、そこは考えよう！　旬の時期は、お店でもとても買いやすい値段で出回りますが、時期が少しずれると、お店では値段が高くなったお野菜が、庭では収穫三昧なのです。もちろん、少々遅めでも、ちゃんと美味しい野菜ができます。

夏から栽培可能な「その他の再生野菜」

食べた種から／ピーマン類（晩秋収穫）、**芽が出た芋から**／里芋、**ポップコーンの豆から**／スプラウト＆爆裂種トウモロコシ、**豆もやしから**／枝豆、**茎から**／ミント、バジルなどハーブ類、エシャレット、モロヘイヤ、コマツナ、セロリなど

古い唐辛子から 青唐辛子を収穫

　使いきれずに退色してしまった古い赤唐辛子。捨ててしまわず
にプランターに種を蒔けば、フレッシュな唐辛子がたくさん収穫
可能です。種はまだまだ生きています。発芽に必要な温度が高い
関係もあり、栽培スケジュールが通常の栽培より後ろにずれます。
初夏から始めて、まずは青唐辛子の収穫を楽しみましょう。赤唐
辛子は乾燥したものがいつでも比較的安価で手に入りますが、青
唐辛子は旬の一瞬だけ。なかなか出回らないので希少価値あり。
「葉唐辛子」も収穫して、「葉佃煮」や「葉唐辛子と青唐辛子の油
味噌」にするなど、家庭菜園ならではの楽しみが満載です。12
月には、ゆっくり赤くなった赤唐辛子も少し収穫できます。

唐辛子の特性

中南米の熱帯地域原産。
発芽に必要な温度が高いので、種から栽培する場合は保温するか、
遅めの植え付けになる。

・**発芽温度**：25 ～ 30 度
・**生育温度**：20 ～ 30 度
・**収穫までの期間**：4 ヶ月くらい　開花から 20 日で青唐辛子、60 日で赤唐辛子

栽培プロセス

1

プランターに種を蒔く。覆土
は 1 センチ。本葉が出た頃か
ら順次間引き、最終的に成育
良好のもの 1 本に。

2

支柱を立てる。1 番花より下
の脇芽は全部摘み取る。上は
放任。

3

実の長さが 4 ～ 5 センチくら
いになれば収穫可能。

Point

追肥は、花が終わり 1 番果が付い
た頃。水やりは表面が乾いたら
たっぷり。

味わい方 3 種類

お店に出回らない葉唐辛子まで味わえるのは、栽培ならでは。

・**青唐辛子**：醤油漬け、甘酢漬けがおすすめ。
・**葉唐辛子**：青唐辛子と一緒に「油味噌」に。これさえあればおかずナシでも！
・**赤唐辛子**：よく乾燥させて保存可能。吊るしてリース飾りにも！

薬膳レシピ

効能：温中、散寒、開胃など胃腸の冷えを取り、消化を促進

「カプサイシン」は辛味成分で有名ですが、血行促進、脂肪燃焼の働きもあるとされています。またビタミンCやビタミンE、カロテンなども豊富に含まれます。

「葉と青唐辛子の油味噌の焼きおにぎり」

葉と青唐辛子適量を、油、味噌、みりん、醤油各少々で炒め合わせる。おにぎりに塗ってグリルで焼く。

パクチーの再生

　エスニック料理が好きな人にはたまらない「パクチー」。英語ではコリアンダー、中国語ではシャンツァイ（香菜）と呼ばれ、独特の香りが特徴です。カップラーメンに少し散らすだけでも、タイ風ラーメンに大変身します。種は、インドの「ガラムマサラ」に欠かせないスパイス。葉はクセのある味わいですが、種の方は甘く爽やかでスパイシーな味わいです。再生栽培には、なるべくしっかりした根がついているパクチーを使います。室内の水栽培だけでなく、土植えで育てれば、種も収穫できます。

パクチーの特性

地中海沿岸原産。
日当たりは大事だが、強すぎる日差しは苦手。風通しと水はけの良い環境で。
真夏は半日陰へ。

- **発芽温度**：20度
- **生育温度**：18〜25度
- **収穫までの期間**：根元からの再生栽培で3週間〜

栽培プロセス

1

根つきパクチーの葉を少しだけ残し、茎を3センチに切った状態で、根だけを水に浸す。

2

朝夕に水を替えながら、茶色くなった茎は取り除く。1週間〜10日くらいして新芽が育ったら収穫を。

3

プランターに土植えすることも可能。根づくまでは半日陰で管理して、乾燥に注意する。追肥は葉色が悪いなと思ったら液肥を。

4

その後花が咲き、種も収穫できるが、葉を長く収穫する場合は花芽ができたら摘み取ると良い。

Point

パクチーは水を好む植物なので、土の表面が乾燥したら鉢底から水が出るまでたっぷりと水やりを。

その他の増やし方／スパイスの粒から

スパイスとして売られている「コリアンダーシード」からも栽培が可能。

1 水に浸けて十分に種に吸水させる。

2 軽く叩いて２つに割ることで、発芽率が上がる。

3 種を蒔き、薄く土をかぶせて軽く鎮圧する。
約２週間前後で発芽するので、それまでは土を乾かさないように。種蒔き適期は４〜６月。秋蒔きも可能。

薬膳レシピ

効能：汗をかかせて邪気を発散させる「辛温解表 薬」
しんおん げひょうやく

種は健胃整腸剤としても利用されます。芳香性が高いので、気の巡りをスムーズにする作用も。
代表的な栄養素は β-カロテン、ビタミンC、食物繊維、カルシウム、鉄です。
可愛い花はサラダなどにトッピングして美味しく食べられます。葉より香りがマイルド。コリアンダーシードも、カレーやピクルス、スープなど、さまざまな料理に合います。

空芯菜の再生

　茎が空洞で、シャキッとした歯応えも魅力の中華野菜。6〜8月頃に栽培が始められ、収穫は晩秋まで可能です。葉野菜は暑さが苦手なものが多い中、空芯菜はお助け野菜。ただし、水やりが足りないと、茎が硬くなってしまうので、水切れしないよう朝晩たっぷりあげます。また、日当たりと風通しの良い場所で管理を。摘芯すると新芽がどんどん出てきて、繰り返し収穫できます。強い紫外線に負けずに育つ空芯菜は、自分を守るために抗酸化力を蓄えています。その力を分けてもらいましょう。

空芯菜の特性

熱帯アジア原産。
暑さに強い。

・**生育温度**：茎葉 25 〜 30 度
・**収穫までの期間**：植え付けから収穫まで約 1 ヶ月〜

栽培プロセス

1

余った空芯菜の茎 8 センチ程度を、1 節目以上水につける。1 週間程度で発根する。水は毎日取り替える。

2

十分に発根した茎を株間 5 〜 8 センチでプランターに植える。植え付け直後は、根が活着するまで日陰で管理。

3

日当たりの良い場所に移し、表面が乾いたらたっぷり水やり。最初の追肥は苗丈が 15 センチくらいに育ってから。その後、液肥なら 3 週間ごとに。

4

1 ヶ月くらいして苗丈が 25 センチくらいになったら、摘芯を兼ねて、上半分を収穫する。節目の上が良いが、どこからでも新芽が出る。

5

秋まで収穫が続く。晩秋に朝顔のような花が咲くと、収穫終了の合図。

その他の増やし方2種類

・空芯菜スプラウトから／数本ずつプランターに植え付け
・栽培途中で摘芯した茎から／水に浸け発根させてから植え付け

薬膳レシピ

効能：清熱、涼血、化湿（水分代謝を促進）、解毒

体に溜まった熱を冷まし、悪いものの排出を促します。老化を抑える抗酸化
成分のβ-カロテンが多く、「夏のほうれん草」の異名があります。ビタミン
C、ビタミンEも揃って含まれており、日焼けトラブルなど美容健康の強い
味方。食物繊維も豊富で腸内環境の改善に。

ニンニクとオイスターソースで炒めたり、煮浸しにしたりしても美味しいで
す。柔らかい新芽は生でも食べられます。摘みたてをサラダに入れても良し。

赤シソ再生

　「紫蘇」は「紫の蘇る草」の意味。もともと、赤シソのことを言います。梅干し作りの時期になると、枝根付きで出回るので、葉をとった後、その茎を捨てずに再生栽培。日当たりの良い場所から半日陰まで栽培可能です。あまりに強い日差しが続くと葉が硬くなりますが、一方で光が足りないと葉の色が緑っぽく、香りも薄くなってしまいます。再生栽培だと晩夏から秋の収穫になります。植物の力は、旬の時期（6〜7月）に収穫することで最大限に発揮されることを考えると、旬からは少しずれてしまいますが、最初はピンクの穂じそ（シソの実）をメインに、ぜひ楽しんでください。翌年はこぼれ種で、色鮮やかな赤シソが食べ放題に。

赤シソの特性

中国原産。

・**生育温度**：茎葉 20 〜 25 度
・**収穫までの期間**：植え付けから収穫まで約 1 〜 2 ヶ月

栽培プロセス

1

枝根付きで出回る赤シソの枝を、少し葉を残して水につけ、1 日給水させる。

2

プランターに株間15センチくらいで植え付ける。根が活着するまで数日ほど半日陰で管理。

3

日当たりの良い場所に移し、水やりは表面が乾いたらたっぷり。

4

穂先を、節の上で切ると枝分かれする。液肥を 3 週間に一度を目安に与える。

5

葉だけでなく、秋には花穂も収穫可能。

味わい方3種類

3種味わえるのは、家庭菜園ならでは。ほんの少しで料亭気分⁉

・**芽じそ**：発芽したばかりの小さい芽で、春の季語。
　お刺身、吸い物などのあしらいに。

・**葉じそ**：しそ巻きなど調理に。

・**花じそ・穂じそ**：花や穂をお刺身などの薬味系で。
　穂じそ（シソの実）は、花が終わって実が熟す前の状態のものを使う。
　さわやかな香りがするので、醤油などに漬けてご飯のお供に。

薬膳レシピ

効能：解表、和胃、行気、解毒

発汗作用、胃腸の働き、気の巡りをよくし自律神経を整える。生薬名は蘇葉または紫蘇葉といい、葉はもとより枝先、種子までが有用な生薬です。特有の香り成分である精油は、防腐・殺菌作用などを持つ「ペリルアルデヒド」が豊富。この性質を利用して、日本では梅干し作りに採用されていたのですね。赤い色素は、眼のサプリでも有名なポリフェノールの一種「アントシアニン」。強い抗酸化作用があります。

「シソジュース」

材料：赤シソ50枚、水1L、砂糖100g、クエン酸小さじ1

洗った赤シソの葉を5分くらい煮て取り出し、砂糖を溶かして最後にクエン酸を入れる。

※腐葉土の作り方：袋に枯葉を入れ、適度な水分、米ぬか少々を入れて時々かきまぜる。

第 **3** 章

「秋から始める」

秋は春についで第二の園芸シーズン。病害虫の心配も少なくなり、葉物野菜が育てやすい季節です。栽培期間の短い葉物系は年内に収穫できますが、冬越えさせて、翌年の春以降に収穫する野菜も多いです。真冬になると苗の生長が一時止まったように見えますが、寒さを乗り越え、翌春にグンッと急生長を始めます。防寒と乾燥対策で、株元をマルチングしてあげると良いです。冬越えさせて育てる野菜は、栽培期間が長くなりますが、手塩にかけて見守ったぶん、収穫時は喜びもひとしおです。

秋から栽培可能な「その他の再生野菜」

芽が出た芋から／秋ジャガイモ（9月上旬までに植え付け）、**豆苗から**／絹さや＆えんどう豆、**乾燥ひよこ豆から**／ひよこ豆、**カイワレから**／葉大根、**茎から**／セリ、ローズマリー、タイムなどハーブ類、**株元から**／チンゲンサイ、リーフレタス、セロリ、白菜、ブロッコリーなど

ハーブのティーバッグから
カモミール収穫

　安眠ハーブとも言われるカモミール。お母さんがピーターラビットに飲ませていたお茶でも有名ですね。ヨーロッパでは古くから薬用として利用されてきた代表的ハーブです。カモミールティーは花の部分を乾燥させたお茶なので、ティーバッグの中には発芽できる種が混じっています。ティーバッグ1個分を蒔くと、3〜5個くらい発芽します。メーカーによっては発芽率が低いものもあると思いますが、しばらく忘れていた古いティーバッグがあったら、ぜひ実験気分でお試しください。春蒔きもできますが、秋蒔きの方が大株に育ちます。開花期は3〜6月です。切り戻す（伸びすぎた枝や茎を切り取る）と花数も増え、こんもりとした良い形になります。

カモミールの特性

ヨーロッパ、地中海沿岸原産。
高温多湿が苦手。比較的に寒さには強い。1年草。
ジャーマン種とローマン種の2種がある。ローマン種はやや苦味がある。
一般的なハーブティーは、リンゴのような香りと酸味が感じられるジャーマン種。

・**発芽温度**：15〜20度
・**生育温度**：15〜25度
・**収穫までの期間**：発芽まで1週間、秋蒔きは冬越えさせるので5ヶ月〜

栽培プロセス

1

ティーバッグの中身を全て苗ポットに蒔き、ごく薄く土をかけて手で押さえる。土は事前にたっぷり水を含ませておく。

2

乾かさないよう、半日陰で管理。1週間くらいで発芽する。

3

春に苗丈が10センチくらいになったら、深さ25センチ程度のプランターに植え付ける。苗丈は30〜50センチに生長する。先端を摘芯（芽の部分を摘み取ること）すると枝分かれし、花も増える。

4

真夏は半日陰に移動させ風通しの良い場所で管理。肥料はそれほど必要としないが、様子を見て月に1度、液肥を。

5

花の黄色い部分が大
きくなり尖ってきた
ら、花弁ごと午前中
に摘み取る。

Point

乾燥させる時は、花びらはあらかた取り、保存
は乾燥剤と一緒に。密閉袋に入れて冷凍庫で保
存しても。

薬 膳 レ シ ピ

**効能：抗炎症作用、ストレスによる胃腸の痛みをやわら
げたり、気持ちを静めて寝付きを良くしたりする作用が**

薬効や香りは花の中央の黄色い部
分にあります。
摘みたてのフレッシュなカモミー
ルティーは鮮やかなレモン色。ザ
ッと水洗いし、水気をよく切った
花をポットに入れ、お湯を注いで
10分ほどかけてしっかり抽出し
てください。お茶パックなどに入
れ、フットバスや入浴剤にしても。

玉ねぎの芯から再生

　玉ねぎは、種や苗を買わなくても、キッチンにある玉ねぎの芯の部分を利用して、手軽に栽培が可能です。栽培期間は長いですが、ほぼ植えるだけで手間いらず。11月下旬までには植え付けをします。一株から分球し2個になることが多いですが、分球し小ぶりになっても美味しいし、逆に小ぶりの方が料理には使い勝手が良いと思っています。株を傷めないよう丁寧に分けてから植え付ければ、分球しにくくなります。室内の水栽培では、「葉玉ねぎ」の収穫も楽しめます。水につけると真っ白い根がわ〜っと伸びて、本来は土の中で見えない部分だけに、観察冥利に尽きます。

玉ねぎの特性

地中海沿岸原産。
根が浅く張るので乾燥に弱い。冬場は特に注意。
冷涼な気候を好み、寒さには強い。大苗で冬越えさせると、トウ立ちしやすくなる。

・**発芽温度：** 18 ～ 23 度
・**生育温度：** 12 ～ 25 度
・**収穫までの期間：** 6 ヶ月

栽培プロセス

1

根が出る底面を残
して、芯の部分を
4センチ角に切り
取る。

2

500ml のペットボ
トルを半分に切り、
逆さに重ねた容器
で、水にギリギリ
触れるように栽培
する。水は数日ご
とに取り替える。

3

発根し葉が伸びた
苗を、プランター
に株間約8センチ
で植え付ける。

4

土の表面が乾いた
ら水をたっぷり。
追肥は12月、2月
下旬頃の2回。

5

春に花芽ができた
ら速やかに取り除
く。これも美味し
く食べられる。

6

8割倒れたら、収
穫する。数日その
ままプランターの
上で乾かして、そ
の後風通しの良い
場所に吊るした
り、通気性の良い
カゴなどで保存を。

Point

乾燥に弱いので、マルチング
（株元をビニールなどで覆う
こと）をすると良い。

その他の植え付け苗の作り方

芽が出た玉ねぎの苗を1本ずつに分けて植える。

切り分ける
cut

薬膳レシピ

効能：胃の働きの改善、活血（血行を良くする）、理気

二大成分は硫化アリル(アリシン)とポリフェノー
ルの一種であるケルセチン。アリシンは水溶性の
成分なので、水にさらす時間を短くし生で食べる
と良いです。血液サラサラ食材の代表選手。疲労
回復効果も。紫玉ねぎにはポリフェノールの一種
アントシアニンも含まれています。

ネギの花芽「ネギ坊主」と同じように、玉ねぎの
花芽も天ぷらなどで美味しく食べられます。これ
も家庭菜園ならではの一品。

ニンニクの再生①
芽が出たカケラから

　料理の陰の立役者、ニンニク。米国立がん研究所を中心に進められた「デザイナーフーズ・プログラム」で明らかになった、がん予防の可能性のある食品ピラミッドでも堂々トップでした。国産は買うとお高めなのですが、芽が出てしまったキッチンのニンニクから、安全に無農薬のニンニクを収穫できます。栽培期間は長いのですが、工程自体はとってもシンプル。再生栽培でとれたてのみずみずしいニンニクを味わってみてください。満足感＆お得感たっぷりです！　大物を収穫するには、なるべく大きなカケラから育てるのがいちばんのポイントです。

ニンニクの特性

中央アジア原産と推定。
古代エジプトなどで栽培されていた。多年草。

・**発芽温度**：15 〜 20 度
・**生育温度**：15 〜 20 度
・**収穫までの期間**：8 ヶ月

栽培プロセス

1

芽が出たニンニクを 2、3 日ほどお尻の部分が触れる程度の水に浸けて発根させる。

2

深さ20センチ以上のプランターに植え付ける。株間は 7 〜 10センチ、土は5センチ程度かぶせる。最初に水をたっぷりあげて芽が出るまで日陰で管理（その間は水はやらなくてよい）。

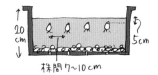

3

10 日前後で地上に芽が出てくる。日当たりの良いところに移動し、水やりを開始する。ココヤシファイバーなどでマルチング（株元を覆うこと）をするとよい。

4

12 月頃と翌年の春に追肥をする（有機肥料なら 2 月中旬頃）。

5

花芽がついたら、早めに摘み取る（地
下のニンニクへの養分を取られない
ようにするため）。このニンニクの
芽も美味しく食べられる。

6

6月頃に葉が3分の2ほど枯れたら
収穫適期。茎の部分を10センチく
らい残し、根を切って風通しの良い
場所で陰干しにする。

Point

脇芽が出たら、小さい方を取り除き1
本にするのが基本だが、放任して2個
に分球させても良い（大きめ1個より
総重量は重くなる）。

薬膳レシピ

効能：ニンニクの生薬名は「大蒜」。お腹を温める効果があり、
冷えからくる胃もたれや腹痛、下痢などに。
解毒や気を巡らす作用も

特有の強いにおいの成分はアリシン（硫化アリル）で、抗菌・
殺菌作用も。ビタミンB1、B2、B6も多く、疲労回復や強
壮作用と、まさに万能野菜。とれたては水分を含んでいてとて
もみずみずしいです。グリルでシンプルに焼いたり、素揚げに
して味わってみてください。みじん切りにしてオリーブオイル
漬けにしても。パンに垂らすだけでごちそうに。炒め物などに
もさっと使えて便利。冷蔵庫で1ヶ月は大丈夫です。

「ナスとニンニクのペースト」

ナス2本、ニンニク10片、アンチョビ少々をかぶる程度のオ
リーブオイルで弱火で煮るように炒め、フードプロセッサーで
ペーストに。塩胡椒と最後にレモン汁を加えて味を調えます。

ニンニクの再生②

ニンニクスプラウト栽培

　スプラウトは、通常のニンニクより、ミネラルや免疫力活性化に必要な栄養分が何倍にもなります。近年は認知度が上がり、販売もされるようになりました。ニンニクスプラウトは、半分弱にカットしたニンニクの「小さいカケラ」からも栽培が可能。自分で栽培が可能とはいえ、高いニンニクをスプラウトに丸ごと使うのは気が引けるもの。上半分はお料理に使いましょう。ニンニクスプラウトはニラを甘くしたような美味しさです。ニラはカットして売られているため、再生栽培できないので、その代用にも！

・**発芽温度**：15 ～ 20 度
・**生育温度**：15 ～ 20 度
・**収穫までの期間**：約 2 週間

栽培プロセス

1

ニンニクのカケラ
を半分に切る。根
が出る下半分を栽
培に使う。上部は
お料理に。

2

容器にキッチン
ネットを敷いて根
が出る方を下にし
て丁寧に並べる。

3

底が濡れる程度ひ
たひたに 2 に水を
入れ、毎日取り替
える。芽が伸びた
らハサミで収穫す
る。

Point

カットしてもまた新芽が伸びます
が、しばらくして球根部が干から
びてきたら終了。

薬 膳 レ シ ピ

効能：健脾、消食（消化力の低下に効果）

ビタミン B1 の体内吸収をよくする硫化アリルが多く、カロテン・カリウム・
ポリフェノールも含みます。
ニラと同じように中華風スープや炒め物、餃子の具に混ぜても。栽培容器
からハサミで切って収穫し、そのまま鍋に。

コマツナの
根元から再生

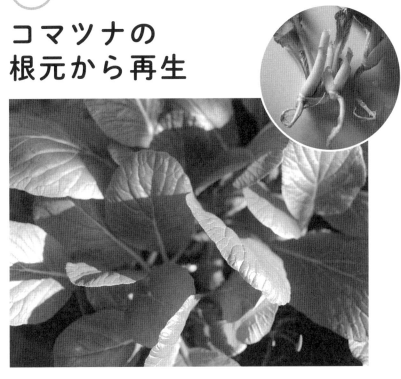

　再生栽培のイチオシ野菜、コマツナ。根が付いた茎元を利用します。ほぼ通年育てられますが、秋からがいちばん栽培しやすいです。真冬は生長が鈍化しますが、翌年の春まで収穫できます。3月頃に菜の花が咲くと葉はもう食べられませんが、この菜の花はさっと茹でてお浸しにするなど、春の味覚として味わえます。根付きのコマツナが見つからない時は、根の部分が5ミリほど残っているだけでも栽培可能です。水に浸けると新しいひげ根が出てきます。土植えがおすすめですが、室内で水栽培でも育てられます。水栽培でも6～7枚の葉が収穫可能。小さな収穫でも、あるとお味噌汁の具などに便利です。

コマツナの特性

南ヨーロッパの地中海沿岸原産。
中国を経由して日本で品種改良。1年草。耐寒性は強く、0度前後になっても枯死することはない。暑さにも比較的強いので周年栽培が可能。

・**発芽温度**：20〜30度
・**生育温度**：15〜25度
・**収穫までの期間**：2週間〜1ヶ月

栽培プロセス

1

根付きのコマツナの茎を4センチくらい残してカット。中央の小さい葉を少し残す。

2

培養土をセットしたプランターに植え、たっぷり水をやり、根が活着するまで日陰で管理。最初しなっとしているが、2〜3日で葉がピンとしてくる。

3

葉が15センチくらいになったら、外側から収穫。葉色を見て追肥を。液肥なら月に1〜2回を目安で。

Point
虫がつきやすい時期は、防虫ネットを。

4

3月中旬には菜の花も収穫開始。最初のつぼみを摘み取ると、次々に脇から出る。

・しっかりした根がある根元から。
　5号サイズの小さい鉢でも良く育つ。

・根が5ミリ程度でも、しばらく水栽培して発根させると
　土植えできる。

・室内で水栽培も可能（葉6～7枚程度の小さい収穫になる）。

薬膳レシピ

効能：体の潤いを補い、血行を促進。
胃腸を健康に、イライラや便通にも

鉄やカルシウム、ビタミンCなどを多く含み、
抗酸化作用が高く、免疫力を高めてくれるβ-
カロテンも豊富。

「コマツナのケーキ」

葉をペーストにして（茎は除く）スポンジ生地
に混ぜるだけで、β-カロテン豊富な「美容ケー
キ」に大変身。※コマツナだけでなく、春菊や
ヨモギなどでも美味しく作れます。

冬の室内は
18～22度
じゃて

早く食べたいわ～♡

第 4 章

「冬から始める」
室内水栽培

　真冬は栽培をスタートできる野菜もなくなり、ちょっぴり寂しい時期ですが、室内での水栽培なら楽しめます。冬は水が腐りにくいので、水栽培に適しています。容器と水さえあれば、すぐにでも始められてとても気楽。初めて再生栽培にトライする人にもぴったりです。室内に入る光からの光合成と水だけで育っているので、野菜自身が蓄えているエネルギーが尽きると栽培終了。収穫量はとても少ないですが、毎日生長する様子を間近で見る楽しさがあります。ポイントは、こまめな水かえだけです。冬の間に室内水栽培で発根させた苗を、春に土植えすることもできます。

冬から室内水栽培可能な「その他の再生野菜」

株元から／レタス、白菜、コマツナ、セロリ、**茎から**／セリ、**根野菜の頭から**／大根、カブ、ニンジン、ビーツ、**豆からスプラウトを**／レンズ豆、大豆、小豆、**他**／豆苗の再生など

こまめな水かえがPOINT♪

キャベツの芯から再生

　普段は捨ててしまうキャベツの芯も、水に浸けておくだけで簡単に再生栽培が楽しめます。生ゴミ堆肥に投入した５ミリ角の芯から発芽していたこともあり、さすがのアブラナ科野菜！　その生命力にうっとりします。育つ姿にはかなり個体差があり、小さな葉っぱが、ぷちっと芯から吹き出すように出て来る場合や、何枚もの葉が出て花が咲いたように丸く育つことも。水栽培なのに小さく結球することさえあります。あまりに綺麗で、収穫するのがもったいない、このまま飾っておきたいと思うほどです。小さい葉っぱは、スープに入れたり、刻んで炒め物に加えたり。大切に大切に味わいたくなります。

キャベツの特性

ヨーロッパ地中海、大西洋沿岸原産。2年草。暑さに弱い。

・**生育温度**：15 〜 20 度
・**収穫までの期間**：2 〜 3 週間

栽培プロセス

1
斜めに包丁を入れキャ
ベツの芯を切り取る。
2分の1や4分の1カ
ットのものでもOK。

2
芯を容器に入れて底か
ら5ミリほどの水につ
ける。数日すると多少
色が茶色くなってくる
が大丈夫。

3
水はこまめに取り替え
る。発根し、葉が育っ
たら外側からハサミで
収穫。

Point
窓辺などの風通しの良い明るい場
所で管理。

キャベツの発根いろいろ

・最初ぶつぶつした突起が出て、その後白い根が。
・葉の太めの芯からも発根する。

薬 膳 レ シ ピ

効能：健脾、清熱、胃腸の粘膜を整え、働きを補強

特にビタミンCの含有量が優れており、他にも食物繊維、カリウム、
ビタミンKが。キャベツの芯はミネラルが豊富なので、栽培しな
い場合は刻んでスープに入れるなどして食べるとよいです。

薬味を再生栽培
ミツバ&葉ネギ

　ミツバと葉ネギ。お味噌汁の薬味の定番です。キッチンカウンターで水栽培していると、いつでもハサミでカットして使えて重宝します。ミツバは、親子丼や茶碗蒸しに少しだけ欲しいのに、買うと余ってしまい、忘れて冷蔵庫でダメにしてしまいがち。水に浸けるだけで無駄にせずに済むどころか、増やせます。葉ネギは土植えするのもおすすめ。しっかりしたネギに育ち、水栽培より長く収穫でき、お得です。また、土の抗菌効果もあるので、コンパニオンプランツ（一緒に植えることで良い影響をあたえる植物）としても万能です。

ミツバの特性

日本原産。セリ科の多年草。
もともとは水辺に自生する野草で、半日陰を好み、乾燥には弱い。

- **生育温度**：15〜23度
- **収穫までの期間**：1週間〜

ミツバの栽培プロセス

1

ミツバの根元を4センチくらい残してカット。スポンジ部分をすすぎ、容器の水に浸す。スポンジ部分のすすぎは毎日の水かえ時にもやる。水はスポンジが十分濡れていれば良い。

2

途中で萎れた茎があれば指で取り除く。伸びたらハサミで収穫する。

Point

春先に出回る、茎根がしっかりした根ミツバも再生可能。容器の水をごく少なく（根が浸かっている程度）入れ、毎日交換する。

薬膳レシピ

ミツバの効能：補気、疎通、気力を増強し、滞っていた生理機能を通じさせる
葉ネギの効能：祛風、解毒、お腹の冷えを取る、粘膜保護、発汗作用

ミツバの香りを効かせた親子丼と、ネギたっぷりのお味噌汁に。部屋で縮こまりがちな寒い季節にもぴったり。

葉ネギの特性

中国原産。青ネギとも呼ばれ、緑の部分を丸ごと食べる。
「万能ネギ」というブランド名の若どりの小ネギが有名。多年草。
（根元が少し膨らんだワケギ、アサツキは球根性でネギの変種）
土植えなら長く収穫できる。多湿には若干弱い面がある。

・生育温度：15 〜 25 度
・収穫までの期間：1 週間〜

葉ネギの栽培プロセス

1
葉ネギの根元を5セン
チ程度切り、容器に根
がギリギリ浸かる5ミ
リ程度の水を入れる。
水替えは毎日。

2
伸びた部分をハサミで
収穫する。

Point
容器の水はごく少なく（根だけが
浸かっている状態に）すること。

ミツバ&葉ネギ　土植えすると

・ミツバは春にスポンジのままプランターに植え付けると、長く収穫できます。
　6 〜 7 月頃に小さい白い花が咲きます。

・葉ネギも春にプランターの空いたところに挿しておくだけ。
　同じように再生できる白ネギは、ネギ坊主が収穫できることもあります。

ネギ坊主

ミツバの花

ミツバの植え付け

チンゲンサイの
株元から再生

　肉厚でシャキシャキした歯応えが美味しい、中華野菜チンゲンサイ。コマツナと同じアブラナ科で、とても簡単に再生栽培が可能です。株元の断面から葉が出てくる様子は、上から見ると緑のバラの花のようです。室内の気温にもよりますが、3〜4日で葉が生長してくるので、そのスピード感に見応えあり。新しい葉は中央から出てくるので、周りの古くなった茎の部分を適宜取り除くと、水も腐りにくく長持ちします。水栽培だと葉の大きさは小さめですが、上手に発根したものは、土植えも可能です。

チンゲンサイの特性

中国原産。涼しい気候を好む一方で、夏の暑さにも比較的強い。

・**生育温度**：20度前後
・**収穫までの期間**：2〜3週間

栽培プロセス

1

根元4センチくらいをカット。

2

株の底が濡れる程度のひたひたの水に浸ける。水は毎日取り替える。

3

古くなった葉は、ぽろっと取れるのでこまめに除く。葉が伸びてきたら、ハサミで収穫する。

Point

底にキッチンネットを敷くと、発根が促されて長持ちする。

薬 膳 レ シ ピ

効能：活血、清熱、健脾

血液の循環を良くし、体や肺の熱を冷まして潤したり、胃腸の働きを整える。栄養としては、カリウム、カルシウムや鉄などのミネラル類、食物繊維、β-カロテン、ビタミンC、Kなどのビタミン類が豊富な緑黄色野菜。

「チンゲンサイ炒め」

チンゲンサイは油と相性が良い野菜。豚肉、生姜、ニンニク、オイスターソースなどと一緒に炒め、塩胡椒で味を調え、片栗粉でとろみを。ラー油を回し入れ、ピリッとさせても。

クレソンの再生

　うっかりしていると、葉がすぐ黄色くなってしまうクレソン。クレソンはフランス語名で、日本名はオランダガラシ、英語名はウォータークレス。ステーキやハンバーグなど肉料理の付け合わせにあると嬉しい香草野菜です。ほんのりした苦味も爽やかで、クレソンだけのサラダも美味しいですね。アメリカの研究機関の調査の結果、「世界で最も栄養素密度が高い」と称された優秀な野菜です。じつは綺麗な小川などに生息する植物で、繁殖力旺盛。水につけておくと、あっという間に根が出ます。日当たりがイマイチでも大丈夫なので、気軽に楽しめます。買うとお高めな野菜なので、ぜひ再生栽培でお試しを。

クレソンの特性

中部ヨーロッパ原産。多年草。
水生植物で繁殖力旺盛。半日陰でも育つ。風通しの良い場所で管理。

・**生育温度**：15 〜 20 度
・**収穫までの期間**：10 日

栽培プロセス

1

太めの枝を選び、水につかるぶんを考えて、下の部分（5 センチくらい）の葉を取り除く。

2

水を入れたカップなどに挿す。1、2 日は葉がしんなりしているが大丈夫。1 日に 1 回水を取り替える。

3

3 日もすれば、節の下から根が出てくる。脇芽が出るので、ある程度育ったら先端を摘芯するように収穫を。

Point

直射日光を避けて、風通しの良い明るい場所で管理。

その他の育て方　土植えする

水切れを起こさないように注意して管理すれば、
土植えも可能。

薬　膳　レ　シ　ピ

**効能：清熱、潤肺、利水。熱毒を取り除き、水分代謝を高めて
尿の排泄を促す**

栄養価としてはカリウム、タンパク質、カルシウム、鉄、亜鉛、ビタミン A・
C、食物繊維などが豊富。抗がん作用のある「グルコシノレート」、血栓予
防の効果のある「アリルイソチオシアネート」、消化の促進や殺菌作用のあ
る「シニグリン」も含まれています。

「クレソンとラッキョウの小鉢」

ちぎったクレソンの葉に、刻んだラッキョ
ウの甘酢漬けを和えるだけ。ラッキョウの
甘みがドレッシング代わりの爽やかな一
品。肉料理の箸休めに。

第 5 章

「種とり」

～～～

　育てた野菜から種をとって保存し、それをまた栽培する。種を買うのが当たり前の現代ですが、これが本来の循環の姿です。やってみると意外に簡単！　ポイントはよく乾かすことだけです。形質が安定している「固定種」からの採種が基本ですが、遺伝的に異なる形質を交配させた F1 種の種からも、問題なく良い野菜が育つ場合もたくさんあります。F1 種は、形質がランダムに出る可能性を納得のうえでで採種します。ダイズ、輸入もの作物などの場合は、念のため遺伝子組み換えでないかに注意を。採取した種は保存環境が良ければ、2～3 年は十分に発芽します。

採種がしやすい野菜

キク科／春菊、リーフレタス、**セリ科**／セロリ、ニンジン、**アブラナ科**／コマツナ、ミニ大根、ルッコラ、ブロッコリー、**ヒユ科**／ビーツ、**ヒガンバナ科**／ニラ、エシャレット、**ナス科**／ミニトマト、唐辛子、ピーマン類

コマツナから採種
（葉野菜の代表）

　再生栽培イチオシ野菜のコマツナ。葉野菜からの種とりの
代表として取り上げます。コマツナは、春になるといっせい
に菜の花が咲き、その一部をそのままにしておくと細長いサ
ヤになり採種ができます。アブラナ科は交雑しやすいので、
他のアブラナ科（ルッコラ、大根、ブロッコリーなど）のそ
ばで栽培しないようにします。植えたままカラカラにして、
サヤが茶色くなってから刈り取りますが、遅れるとはじけて
こぼれてしまうので、タイミングが大事です。刈り取ってか
らさらに乾燥させ、冷暗所に保存を。たくさんとれるので、
ベビーリーフを栽培するなど、どんどん育てて食べましょう。

種とりプロセス

1

サヤが少し茶色くなるまで植えたまま乾かす。

2

刈り取ってさらに乾かし、ビニール袋に入れてもんで、サヤから種を分離させる。袋の底に種がたまる。

3

袋の角隅に種を寄せ、袋の先をカットして出す。小袋に入れ、乾燥剤を入れてお茶缶や瓶にまとめ、冷暗所か冷蔵庫で保存。

Point

保存した種を栽培する時は、水につけて沈んだものを使います。

その他の葉野菜の種

- **ほうれん草、ビーツの種**：ほうれん草はヒユ科で、同じヒユ科のビーツなどと同様に硬いイガイガ系の殻の中に種が数粒入っている。蒔く時は殻のままで。
- **ルッコラの種**：コマツナと同じアブラナ科。アブラナ科の種は全て似ているので、保存する時は必ず野菜名、日付を書く。
- **サラダ菜の種**：同じキク科のリーフレタスの種も似ているので、保存の際には間違いに注意。
- **春菊の種**：春菊もキク科だが、種殻は濃い茶色。種をとる前の花は黄色く小さいガーベラのようで可愛い。

ビーツの種

ルッコラの種のサヤ

サラダ菜の種

春菊の種

薬膳レシピ

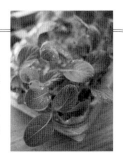

コマツナは一株でもたくさんの種がとれます。一粒万倍とはよくぞ言ったもの。小さい菜園では逆に余ってしまうほどです。ベビーリーフとして栽培し、柔らかい葉をサラダで味わうのもおすすめ。浅い容器で育てられ、収穫まであっという間です。

「柿とコマツナベビーリーフのサラダ」
よく熟した甘い柿で作ると美味しいです。味付けは和風ドレッシングで。体を潤してくれ、β-カロテンやビタミンCなども豊富な美容サラダです。

ミニトマトから採種
（実野菜の代表）

F1種からのミニトマト再生栽培は、個性が炸裂することも。でも全部美味しい！

　ミニトマトを実野菜の種とり代表で取り上げます。こぼれ種から発芽することもよくあり、同じナス科のピーマン類と同様に、発芽力がバツグン。毎年食べた種から再生栽培しても良いですが、上手に育った実や、手に入りにくい珍しいタイプの固定種などはぜひ継続して採種したいもの。種は環境を記憶するので、採種を繰り返すことでその土地に合った、力のある野菜に育っていくのだそう。実野菜の種は、完熟したものから採種するのが基本です。トマトのように水分の多い果肉の中の種子は、よく洗って種の周りのゼリー状のものや果肉を除いて乾かします。外気との温度差で保存袋内に水滴が出る場合を考え、必ず乾燥剤を入れて保管を。

種とりプロセス

1

十分すぎるくらい真っ赤に熟した実を選ぶ。中身を取り出し、適量の水とともに容器に入れて2〜3日発酵させる。ゼリー状の物質が分解されてとれやすくなり、病気を取り除く効果がある。

発酵するとおりや泡だつ感じに。

2

茶こしなどを使ってよく洗い、皿などに重ならないようならべて乾かす。乾かし方が足りないと、カビの原因になるので注意。

3

十分に乾いたら、紙袋など小袋に入れ、乾燥剤とともにお茶缶や瓶にまとめ、冷暗所か冷蔵庫で保存。

くっつかない皿に

Point

保存した種を栽培する時は、水につけて沈んだものを使う。

その他の実野菜の種とり

・**キュウリ**：種とりには黄色く熟したものを。熟すと巨大化する。

キュウリ

・**ニンジン**：上部の2センチほどのヘタの部分から再生栽培して花を育てられ、採種も可能。脇芽からも花をつけるが、いちばん上の花に良い種ができる。

ニンジンの花

・**ピーマン類**：種とりの定番野菜ピーマン。
パプリカなどピーマン類は発芽力も高い。スーパーでいつでも手に入るが、種を保存しておけば自分のタイミングで蒔ける。

・**大豆**：豆もやしから再生栽培した大豆から採種。
豆は小ぶりになる。種とりの適期はサヤが茶色になってから。全て同時に適期にはならないので、順次ハサミでとる。
長雨に注意。

固定種のベルピーマン

大豆

おまけレシピ

カイワレ大根は再生栽培には向かないと思われがちですが、根元にある小さい芽を取り出して土植えにして育てると、葉大根やミニ大根が収穫できます。

さらに花が咲くと、種（サヤ）ができるのですが、これは、スナップエンドウのように茹でて食べることが可能。「大根の実」「サヤ大根」と呼ばれています。若くて柔らかなうちに収穫するのがポイント。とり遅れると全体に硬くなってしまいます。栄養もほぼ大根と同じ感じで、アミラーゼやジアスターゼ等の消化を助ける成分や、ビタミンC、カリウム等が含まれます。

食べた果物から育てる

① 冷凍ベリーミックスのブラックベリーから

実験気分で３粒ほど蒔いてみたところ、１個から発芽！
決して発芽力は高いわけではないですが、「冷凍されたものでも
発芽する」ということが確認でき、感激でした。

・粒のまま植えるのではなく、茶こしなどを使ってほぐし、よく洗ってか
　ら乾燥させたものを使う。
・発芽に成功すれば、育て方は通常と同じ。実がつく苗になるまでは先が
　長いが、春に種を蒔き、本葉が４枚ほどで秋に。
・やがて茎の部分が木質化してくる。ブラックベリーは耐寒性は強めだが、
　幼苗なので真冬は防寒して見守る。

※ブラックベリーは、通常は苗を買ってきて育てる。
またはすでに栽培している果樹から「さし木」や「とり木」でも増やせる。

② レモンの種を蒔いてみる

　食べたレモンの種も案外に発芽します。ただ、収穫できるしっかりした苗になるまでには 10 ～ 15 年はみないといけません。耐寒性に弱いので、真冬はビニールをかぶせるなどしっかりと防寒します。マイナス 3 度を下回ると枯れることがあるので室内に入れても。春はアゲハチョウの幼虫が天敵。レモンの若い葉が大好きで、気がつくと葉が全滅することも。ネットを必ずかけて守ります。

③ ミニスイカの種を蒔いてみる

　食べたスイカの種から育てても。通常のミニスイカよりさらに小ぶりになってしまうことが多いのですが、ちゃんと収穫まで行き着きます。

Point

その他にアボカド、キンカン、イチゴなども栽培可能。果樹を収穫するまでにはとても時間がかかり、特に南国原産の果物は、冬の管理がカギ。実験気分でお試しを。

南国気分じゃのう

大橋明子｜おおはしあきこ

東京生まれ。イラストレーター。家庭菜園・料理愛好家。国際中医薬膳師。再生野菜中心の家庭菜園と収穫した野菜を使った料理レシピを発信。メディア出演、雑誌、書籍執筆などのほか、YouTube でも再生栽培の成功のコツをわかりやすく解説。著書『食べて、育てる　しあわせ野菜レシピ』（集英社インターナショナル）は料理本のアカデミー賞と言われる「グルマン世界料理本大賞 2017」でグランプリを受賞。他の著書に『観て楽しい食べて美味しい　野菜の再生栽培』（産業編集センター）など。

・ホームページ　ohashiakiko.com
・YouTube　　『食＆植』チャンネル・大橋明子
・ブログ　　　ohashiaki.exblog.jp

イラスト・撮影・料理・スタイリング　大橋明子
装幀・デザイン　白畠かおり

ズボラさんの　買わない、捨てない
ちょこっとガーデニング＆レシピ

2024 年 3 月 31 日　第 1 刷発行

著　者　大橋明子
発行者　岩瀬朗
発行所　株式会社集英社インターナショナル
　　　　〒 101-0064　東京都千代田区神田猿楽町 1-5-18
　　　　電話　03-5211-2632
発売所　株式会社集英社
　　　　〒 101-8050　東京都千代田区一ツ橋 2-5-10
　　　　電話　読者係：03-3230-6080
　　　　　　　販売部：03-3230-6393（書店専用）
印刷所　大日本印刷株式会社
製本所　ナショナル製本協同組合